Trabajando junto con el Espíritu Santo

Escuchando al Espíritu Santo y actuando según lo que escuchas

Robert E. Logan
con Charles R. Ridley

Dimensiones del Discipulado de la Viña

Desarrollado en Asociación con

Multiply **Vineyard**

VINEYARD MISSIONS

Publicado por Logan Leadership

Visítenos en: **www.discipleshipdifference.com**
A menos de que se indique de manera distinta, todas las citas de la Escritura
fueron tomadas de La Santa Biblia, Nueva Versión Internacional, copyright
© 1999, 2011-2015 por Biblica®. Usado con permiso de Biblica®, 1820 Jet
Stream Drive, CO Springs, 8092. Todos los derechos reservados.

ISBN: 978-1-944955-26-7

Impreso en los Estados Unidos de América

Reconocimiento

La habilidad de escritura excepcional de Tara Miller trae nuestros pensamientos e ideas a la vida. Por encima de otros, ella hace que este libro sea posible. Por muchos años, su colaboración creativa ha hecho posible el dar recursos escritos a la iglesia para que las personas puedan descubrir y vivir el propósito que Dios les ha dado.
Traducción al español por Cristina Di Stefano.

CONTENIDO

Dimensiones del Discipulado

Un discípulo de Jesús es un reflejo de Dios en el mundo.
Cuando Jesús hablaba acerca del discipulado, se refería a una
entrega total.

> *"Grandes multitudes seguían a Jesús, y él se volvió y les dijo:*
> *'Si alguno viene a mí y no sacrifica el amor a su padre y a su*
> *madre, a su esposa y a sus hijos, a sus hermanos y a sus*
> *hermanas, y aun a su propia vida, no puede ser mi discípulo.*
> *Y el que no carga su cruz y me sigue, no puede ser mi*
> *discípulo. Supongamos que alguno de ustedes quiere*
> *construir una torre. ¿Acaso no se sienta primero a calcular el*
> *costo, para ver si tiene suficiente dinero para terminarla? Si*
> *echa los cimientos y no puede terminarla, todos los que la*
> *vean comenzarán a burlarse de él, y dirán: Este hombre ya no*
> *pudo terminar lo que comenzó a construir.'"*

- *Lucas 14:25-30*

No tenemos que ser perfectos para ser discípulos de Jesús,
pero sí tenemos que saber a qué nos estamos comprometiendo
y estar dispuestos a someter todas las áreas de la vida a Dios.
Mientras Jesús discipulaba a personas, Él esperaba que sus
discípulos abordaran todos los aspectos de su vida, sus
relaciones, y hasta la sociedad misma.

Un discípulo real necesita acoger y crecer en todas las
dimensiones del discipulado. No podemos ser ¾ de un
discípulo, escoger sólo lo que nos gusta, ya que cuando un
discípulo está completamente entrenado se vuelve como su

maestro: Jesús (Lucas 6:40). El discipulado verdadero es integral: no podemos estar contentos con sólo crecer en unas áreas, mientras que en otras estemos careciendo.

Ya que hemos considerado la naturaleza del discipulado, hemos creado un diagrama para representar las 8 dimensiones de un discípulo. Cuando Jesús se encarnó y vivió entre nosotros, estas son las maneras en las que lo vimos a Él vivir. Vea el diagrama y las categorías a continuación. Luego evalúe su propia vida. Permita también que otros hagan comentarios de su vida que le edificarán: nunca viajamos solos por el camino cuando permitimos a Dios trabajar en nuestras vidas.

Preámbulo de la Viña

Dios nos ha llamado – y sigue llamándonos – a un modelo bíblico del discipulado. El discipulado es un fundamento absoluto del movimiento de la Viña. Significa seguir a Jesús con todo nuestro ser.

La progresión de ser cada vez más como Jesús – viviendo, amando, sirviendo, ayudando a otros a ser seguidores de Jesús – es nuestra responsabilidad al igual que nuestra identidad como personas.

Vivimos nuestro discipulado en nuestras palabras, en nuestras acciones, en la presencia de la comunidad, tanto con los que creen, como con los que no.

Como discípulos en el camino a ser más como Jesús, anhelamos la venida del reino en toda su plenitud, el gobierno y reinado de Dios. Vivimos en el "ya", y vivimos en el "todavía no". En la comunidad, en la Escritura, en la formación espiritual, en la dinámica de la obra de Dios entre nosotros, podemos ver destellos y tener probadas del reino que está por venir.

Por lo tanto, acogemos el proceso continuo de ser discípulos, que hacen discípulos, que hacen más discípulos. Así como la levadura se mezcla en toda la masa, el evangelio se reproduce por toda la Tierra. El resultado son discípulos haciendo más discípulos que hacen más discípulos, y luego reuniéndose en comunidades del reino llamadas iglesias.

El discipulado no es algo que podremos terminar en esta vida.

Continuamos creciendo en el conocer, en el ser y en el hacer. Progresamos de una experiencia del Espíritu Santo, a fe en Jesús, a reconciliación con el Padre. Somos bautizados, nos convertimos en pescadores de hombres, obedecemos y enseñamos a otros a obedecer. Somos transformados y estamos transformando. Nos movemos hacia un compromiso de todo corazón a Dios y su reino. El proceso del discipulado es de vida a vida, de cara a cara, y de mano a mano. Junto con otros, somos invitados a unirnos a Jesús en el camino continuo de la fe.

Creciendo en tu asociación con el Espíritu Santo

Esta guía es una de las ocho guías de discipulado de la serie "Dimensiones del Discipulado de la Viña." Lo importante no es la guía con la cual comiences. Empieza leyendo donde tú quieras, y continúa hacia donde Dios te dirija. Cuando vivimos en un ritmo y fluir dinámico de una vida misional, necesitamos escuchar la dirección del Espíritu Santo. Estas ocho guías están organizadas según el diagrama que se muestra a continuación; examínalo para ver cómo encajan juntas cada una de las piezas.

La capacidad de respuesta espiritual describe cómo escogemos responder a la obra de Dios en nuestras vidas. Incluye escuchar activamente y luego actuar según lo que estamos escuchando. Dios está presente y trabajando en el mundo, acercándonos a Él. La manera en la que decidimos responder depende de nosotros. La Escritura nos aconseja así:

Ya que vivimos por el Espíritu, sigamos la guía del Espíritu en cada aspecto de nuestra vida. - Gálatas 5:25

Confía en el SEÑOR de todo corazón, y no en tu propia inteligencia Reconócelo en todos tus caminos, y él allanará tus sendas. - Proverbios 3:5-6

No se contenten sólo con escuchar la palabra, pues así se engañan ustedes mismos. Llévenla a la práctica. - Santiago 1:22

Al ver que Dios se acerca a nosotros a través de su Palabra, de otras personas y del Espíritu Santo, ¿qué haremos? ¿Correremos y nos esconderemos, como Adán y Eva en el jardín? ¿Daremos un paso de fe aunque desconozcamos lo que sigue, así como lo hizo Abraham? ¿Cómo nos abriremos a escuchar la voz de Dios y discernir lo que Él nos está llamando a hacer? La guía de "Capacidad de respuesta espiritual" está diseñada para ayudarnos a enfocarnos en preguntas como estas. La siguiente trayectoria de cinco partes cubre estas cinco expresiones esenciales de nuestra capacidad de respuesta espiritual:

- o Incrementando la habilidad para escuchar y discernir la voz de Dios

- o Discerniendo el área en la que Dios está trabajando y participando activamente con él
- o Examinando lo que estás escuchando con la Escritura y tu comunidad de fe
- o Arriesgándote a tomar pasos de acción en fe y servicio
- o Descubriendo tus dones y tu llamado

> "Ser un cristiano se trate menos acerca de evitar el pecado con precaución, y más acerca de hacer la voluntad de Dios activa y valientemente." –Dietrich Bonhoeffer

Reúnete con un grupo de tres o cuatro para hablar de cada una de estas expresiones. Hazle a cada uno las siguientes preguntas. Espera, y pon atención a las respuestas que surgen del corazón. Anímense, desafíense y afírmense uno al otro. Vayan a su propio paso: pueden estudiar una guía a la semana, o una guía cada mes. Sigan cualquier ritmo que funcione mejor para ustedes. Asegúrense de dejar tiempo suficiente para comenzar a vivir cada una de estas conductas.

1ª Parte:

Incrementando la habilidad para escuchar y discernir la voz de Dios

Pregunta clave: *¿Cómo te estás abriendo a recibir la guía y el empoderamiento del Espíritu Santo?*

No podemos vivir como debemos vivir por nuestra propia cuenta. Simplemente no somos capaces de ello. Necesitamos el poder del Espíritu Santo. Sólo el Espíritu Santo guiando y hablándonos y empoderándonos nos permitirá responder a lo que Dios nos está llamando a hacer. Estamos en una posición de necesidad.

¿Cómo podemos entonces estar abiertos al Espíritu Santo? ¿Cómo podemos tratar de escuchar su voz? ¿Cómo podemos recibir su poder? Necesitamos llegar a Dios en oración con un espíritu de humildad y súplica, reconociendo que sin el poder del Espíritu, no podemos vivir lo que Dios nos ha llamado a hacer. Con ese poder se edificó la primera iglesia, y es como la iglesia sigue edificándose – a través de recibir guía y empoderamiento del Espíritu.

Cuando escuchamos al Espíritu llamándonos a hacer algo, necesitamos dar un paso de fe y hacerlo, descansando en que Dios lo llevará acabo. Podemos hacer todo por medio de Cristo, quien nos da las fuerzas (Filipenses 4:13).

"Si Dios puede trabajar a través de mí, puede trabajar a través de cualquiera." – San Francisco de Asis

Oración

Pídele a Dios que te llene con su poder y su Espíritu. Pídele que te guíe hacia lo que Él quiere que hagas. Pídele que te dé un oído para escuchar su voz, y un corazón dispuesto a obedecerlo. Luego espera y pon atención.

Esta semana lee y reflexiona diariamente en la Escritura presentada a continuación. Comienza un fluir natural de oración conversacional con el Espíritu Santo al meditar en las Escrituras, invitándolo a que Él se revele. Luego reúnete con los que estás compartiendo esta trayectoria, e interactúen con las preguntas del discipulado.

Lucas 24:49

Ahora voy a enviarles lo que ha prometido mi Padre; pero ustedes quédense en la ciudad hasta que sean revestidos del poder de lo alto.

Hechos 2:1-21

Cuando llegó el día de Pentecostés, estaban todos juntos en el mismo lugar. 2 De repente, vino del cielo un ruido como el de una violenta ráfaga de viento y llenó toda la casa donde estaban reunidos. 3 Se les aparecieron entonces unas lenguas como de fuego que se repartieron y se posaron sobre cada uno de ellos. 4 Todos fueron llenos del Espíritu Santo y comenzaron a hablar en diferentes lenguas, según el Espíritu les concedía expresarse.

⁵ Estaban de visita en Jerusalén judíos piadosos, procedentes de todas las naciones de la tierra. ⁶ Al oír aquel bullicio, se agolparon y quedaron todos pasmados porque cada uno los escuchaba hablar en su propio idioma. ⁷ Desconcertados y maravillados, decían: «¿No son galileos todos estos que están hablando? ⁸ ¿Cómo es que cada uno de nosotros los oye hablar en su lengua materna? ⁹ Partos, medos y elamitas; habitantes de Mesopotamia, de Judea y de Capadocia, del Ponto y de Asia, ¹⁰ de Frigia y de Panfilia, de Egipto y de las regiones de Libia cercanas a Cirene; visitantes llegados de Roma; ¹¹ judíos y prosélitos; cretenses y árabes: ¡todos por igual los oímos proclamar en nuestra propia lengua las maravillas de Dios!»

¹² Desconcertados y perplejos, se preguntaban: «¿Qué quiere decir esto?» ¹³ Otros se burlaban y decían: «Lo que pasa es que están borrachos.»

¹⁴ Entonces Pedro, con los once, se puso de pie y dijo a voz en cuello: «Compatriotas judíos y todos ustedes que están en Jerusalén, déjenme explicarles lo que sucede; presten atención a lo que les voy a decir. ¹⁵ Éstos no están borrachos, como suponen ustedes. ¡Apenas son las nueve de la mañana! ¹⁶ En realidad lo que pasa es lo que anunció el profeta Joel:

¹⁷ »"Sucederá que en los últimos días —dice Dios—,
   derramaré mi Espíritu sobre todo el género humano.
Los hijos y las hijas de ustedes profetizarán,
   tendrán visiones los jóvenes

y sueños los ancianos.
[18] En esos días derramaré mi Espíritu
aun sobre mis siervos y mis siervas,
y profetizarán.
[19] Arriba en el cielo y abajo en la tierra mostraré prodigios:
sangre, fuego y nubes de humo.
[20] El sol se convertirá en tinieblas
y la luna en sangre
antes que llegue el día del Señor, día grande y esplendoroso.
[21] Y todo el que invoque el nombre del Señor
será salvo."

Preguntas del discipulado:

o ¿Cuándo te has percatado más de haber escuchado la voz de Dios?

o ¿Cómo estás confiando en el Espíritu Santo?

o ¿Cómo estás esperando en Él?

- ○ ¿Qué estás escuchando del Espíritu Santo? ¿Cómo estás escuchando?

- ○ ¿En qué área quieres ser empoderado por Dios para poder llevarla acabo?

- ○ ¿Cómo pueden orar uno por el otro al esperar recibir la guía y el empoderamiento del Espíritu Santo?

Pasos de acción:

- ○ Tomando en cuenta esto, ¿qué te está pidiendo Dios a ti?

- ○ ¿Cómo lo llevarás a cabo?

o   ¿Cuándo lo harás?

o   ¿Quién te ayudará?

2ª Parte:

Discerniendo el área en la que Dios está trabajando y participando activamente con él

Pregunta clave: ¿Dónde, y en quién, ves a Dios obrando? ¿Cómo te puedes unir a él/ella en lo que está haciendo?

Uno de los reconocimientos más poderosos que tenemos al responder a la dirección de Dios es que Él ya vivió este trayecto antes que nosotros. No estamos solos; él ya mandó a su Espíritu Santo para preparar el camino. Nos llama a ser fieles, a hacer lo que podamos con lo que tenemos, pero los resultados de nuestra fidelidad no recaen en nosotros. Dios ya está trabajando en otros mucho antes de que nosotros entremos en la escena. Él escoge usarnos y trabajar a través de nosotros. Parte de nuestra fidelidad es simplemente poner atención a lo que Dios ya está haciendo y seguir su liderazgo.

> "Deja de pedirle a Dios que bendiga lo que estás haciendo. Entérate de lo que Dios está haciendo. Eso ya está bendecido." - Bono

Dios está trabajando en todas partes, en todo nuestro alrededor. Mira a tu alrededor. ¿Dónde puedes ver la obra de Dios? ¿Qué evidencia ha dejado atrás? ¿En qué área sientes tu una apertura a su Espíritu? ¿Qué preguntas se están haciendo las personas?

Esta semana lee y reflexiona diariamente en la Escritura presentada a continuación. Comienza un fluir natural de oración conversacional con el Espíritu Santo al meditar en las Escrituras, invitándolo a que Él se revele. Luego reúnete con los que estás compartiendo esta trayectoria, e interactúen con las preguntas del discipulado.

Juan 5:16-23

Precisamente por esto los judíos perseguían a Jesús, pues hacía tales cosas en sábado. [17] Pero Jesús les respondía:

—Mi Padre aun hoy está trabajando, y yo también trabajo.

[18] Así que los judíos redoblaban sus esfuerzos para matarlo, pues no sólo quebrantaba el sábado sino que incluso llamaba a Dios su propio Padre, con lo que él mismo se hacía igual a Dios.

[19] Entonces Jesús afirmó:

—Ciertamente les aseguro que el hijo no puede hacer nada por su propia cuenta, sino solamente lo que ve que su padre hace, porque cualquier cosa que hace el padre, la hace también el hijo. [20] Pues el padre ama al hijo y le muestra todo lo que hace. Sí, y aun cosas más grandes que éstas le mostrará, que los dejará a ustedes asombrados. [21] Porque así como el Padre resucita a los muertos y les da vida, así también el Hijo da vida a quienes a él le place. [22] Además, el Padre no juzga a nadie, sino que todo juicio lo ha delegado en el Hijo, [23] para que todos honren al Hijo como lo honran a él. El que se niega a honrar al Hijo no honra al Padre que lo envió.

Lucas 19:1-7

Jesús llegó a Jericó y comenzó a cruzar la ciudad. ² Resulta que había allí un hombre llamado Zaqueo, jefe de los recaudadores de impuestos, que era muy rico. ³ Estaba tratando de ver quién era Jesús, pero la multitud se lo impedía, pues era de baja estatura. ⁴ Por eso se adelantó corriendo y se subió a un árbol para poder verlo, ya que Jesús iba a pasar por allí.

⁵ Llegando al lugar, Jesús miró hacia arriba y le dijo:

—Zaqueo, baja en seguida. Tengo que quedarme hoy en tu casa.

⁶ Así que se apresuró a bajar y, muy contento, recibió a Jesús en su casa.

⁷ Al ver esto, todos empezaron a murmurar: «Ha ido a hospedarse con un pecador.

Juan 3:1-17

Había entre los fariseos un dirigente de los judíos llamado Nicodemo. ² Éste fue de noche a visitar a Jesús.

—Rabí —le dijo—, sabemos que eres un maestro que ha venido de parte de Dios, porque nadie podría hacer las señales que tú haces si Dios no estuviera con él.

³ —De veras te aseguro que quien no nazca de nuevo no puede ver el reino de Dios —dijo Jesús.

4 —¿Cómo puede uno nacer de nuevo siendo ya viejo? — preguntó Nicodemo—. ¿Acaso puede entrar por segunda vez en el vientre de su madre y volver a nacer?

5 —Yo te aseguro que quien no nazca de agua y del Espíritu, no puede entrar en el reino de Dios —respondió Jesús—. 6 Lo que nace del cuerpo es cuerpo; lo que nace del Espíritu es espíritu. 7 No te sorprendas de que te haya dicho: "Tienen que nacer de nuevo." 8 El viento sopla por donde quiere, y lo oyes silbar, aunque ignoras de dónde viene y a dónde va. Lo mismo pasa con todo el que nace del Espíritu.

9 Nicodemo replicó:

—¿Cómo es posible que esto suceda?

10 —Tú eres maestro de Israel, ¿y no entiendes estas cosas? — respondió Jesús—. 11 Te digo con seguridad y verdad que hablamos de lo que sabemos y damos testimonio de lo que hemos visto personalmente, pero ustedes no aceptan nuestro testimonio. 12 Si les he hablado de las cosas terrenales, y no creen, ¿entonces cómo van a creer si les hablo de las celestiales? 13 Nadie ha subido jamás al cielo sino el que descendió del cielo, el Hijo del hombre.

14 »Como levantó Moisés la serpiente en el desierto, así también tiene que ser levantado el Hijo del hombre, 15 para que todo el que crea en él tenga vida eterna.

16 »Porque tanto amó Dios al mundo, que dio a su Hijo unigénito, para que todo el que cree en él no se pierda, sino que

tenga vida eterna. [17] Dios no envió a su Hijo al mundo para condenar al mundo, sino para salvarlo por medio de él.

_____

Preguntas del discipulado:

- o Dios está trabajando en todas partes, pero, ¿dónde sientes tu más su presencia y su obra?

- o ¿Cuáles son algunas de las maneras distintas en las que Dios comunica que él está trabajando en alguna parte?

- o ¿Cuáles son algunas de las señales de apertura que podemos ver en las personas?

- o ¿Cuáles son algunas de las maneras en las que podemos participar con los que están buscando a Dios?

- ¿Dónde sientes tú que Dios está obrando ahora mismo?

La expresión a través del arte

Haz un dibujo o una pintura que represente la manera en la que ves a Dios trabajando en el mundo.

Pasos de acción:

- Tomando en cuenta esto, ¿qué te está pidiendo Dios a ti?

- ¿Cómo lo llevarás a cabo?

- ¿Cuándo lo harás?

- ¿Quién te ayudará?

3ª Parte:

Examinando lo que estás escuchando con la Escritura y tu comunidad de fe

Pregunta clave: *¿Qué necesitas examinar en la Escritura y con tu comunidad?*

Es posible que podamos pensar que escuchamos a Dios diciéndonos que brinquemos de un puente. Por esa razón, necesitamos examinar lo que estamos escuchando y compararlo con las Escrituras y también con nuestra comunidad de fe. No siempre escuchamos algo verdadero. Si pensamos que estamos escuchando algo que no se alinea con la Escritura, no es de Dios. No olvides examinar lo que estás escuchando o sintiendo, comparándolo con la Palabra de Dios, ya que sabemos que ahí Dios habla.

Una cosa que también se nos olvida regularmente es que necesitamos a otras personas. Tal vez recordemos esto durante el desayuno, y luego se nos olvide nuevamente a las 9:00 a.m. Seguimos pensando que podemos hacer todo por nuestra propia cuenta, y esta creencia obstinada ciertamente se extiende a lo que escuchamos de Dios. Cuando pensamos que estamos escuchando algo de Dios, después de revisar la Escritura, el siguiente paso es ver si otras personas están sintiendo lo mismo. ¿Se alinea con lo que otros están escuchando? ¿Tienen los demás una perspectiva de lo que nosotros estamos sintiendo que nos podría ayudar? Cuando Dios realmente está trabajando, muy a menudo Él arregla la situación, para que no nos encontremos solos al responderle a Él. Necesitamos a otras personas.

> "Cualquiera que no toma seriamente la verdad en cuestiones pequeñas, tampoco se le podrán confiar las cuestiones grandes."—Albert Einstein

Esta semana lee y reflexiona diariamente en la Escritura presentada a continuación. Comienza un fluir natural de oración conversacional con el Espíritu Santo al meditar en las Escrituras, invitándolo a que Él se revele. Luego reúnete con los que estás compartiendo esta trayectoria, e interactúen con las preguntas del discipulado.

Hechos 17:10-12

Tan pronto como se hizo de noche, los hermanos enviaron a Pablo y a Silas a Berea, quienes al llegar se dirigieron a la sinagoga de los judíos. [11] Éstos eran de sentimientos más nobles que los de Tesalónica, de modo que recibieron el mensaje con toda avidez y todos los días examinaban las Escrituras para ver si era verdad lo que se les anunciaba. [12] Muchos de los judíos creyeron, y también un buen número de griegos, incluso mujeres distinguidas y no pocos hombres.

Hechos 6:1-7

En aquellos días, al aumentar el número de los discípulos, se quejaron los judíos de habla griega contra los de habla aramea de que sus viudas eran desatendidas en la distribución diaria de los alimentos. [2] Así que los doce reunieron a toda la comunidad de discípulos y les dijeron: «No está bien que nosotros los apóstoles descuidemos el ministerio de la palabra de Dios para servir las mesas. [3] Hermanos, escojan de entre ustedes a siete hombres de buena reputación, llenos del Espíritu y de sabiduría, para encargarles esta responsabilidad. [4] Así nosotros nos dedicaremos de lleno a la oración y al ministerio de la palabra.

[5] Esta propuesta agradó a toda la asamblea. Escogieron a Esteban, hombre lleno de fe y del Espíritu Santo, y a Felipe, a Prócoro, a Nicanor, a Timón, a Parmenas y a Nicolás, un prosélito de Antioquía. [6] Los presentaron a los apóstoles, quienes oraron y les impusieron las manos.

[7] Y la palabra de Dios se difundía: el número de los discípulos aumentaba considerablemente en Jerusalén, e incluso muchos de los sacerdotes obedecían a la fe.

Preguntas del discipulado:

- ○ ¿Cómo sabes que estás escuchando a Dios hablar?

- ○ ¿Qué tipo de "revisiones" llevas acabo para ver si estás escuchando correctamente?

- ¿Con quién hablas regularmente acerca de lo que estás escuchando de Dios?

- ¿Cómo usas las Escrituras para ayudarte a tomar decisiones?

- Habla acerca de una ocasión en la que escuchaste algo de parte de Dios, pero tu comunidad parecía no respaldarte. ¿Qué hiciste en esa situación?

Pregunta a tres

Pídele a tres personas en las que confías que te den una retroalimentación honesta y abierta acerca de lo que estás escuchando de parte de Dios. Trata de no ponerte a la defensiva: sólo escucha. Haz preguntas si es necesario.

Pasos de acción:

o   Tomando en cuenta esto, ¿qué te está pidiendo Dios a ti?

o   ¿Cómo lo llevarás a cabo?

o   ¿Cuándo lo harás?

o   ¿Quién te ayudará?

4ª Parte:

Arriesgándote a tomar pasos de acción en fe y servicio

Pregunta clave: *¿Cómo estás dando pasos de fe?*

La prueba verdadera de la fe es la acción. Escuchar la voz de Dios no importa si no estamos dispuestos a tomar pasos en base a lo que estamos escuchando. Al igual que el conocimiento sin ponerlo en práctica es nulo, escuchar la voz de Dios e ignorar lo que nos está diciendo también lo es.

Cierto es que, es más fácil decir esto que hacerlo. Casi siempre hay un elemento de riesgo en nuestra obediencia, y ese riesgo alcanza desde llegar a ser un mártir, hasta verse como un tonto. La pregunta es esta: ¿qué es más importante para nosotros: obedecer lo que escuchamos de Dios, o nuestros propios intereses? Nuestra respuesta a esta pregunta no es teórica; nace de nuestras acciones.

> "Dios no requiere que nosotros tengamos éxito; sólo te pide que trates." –Madre Teresa

Esta semana lee y reflexiona diariamente en la Escritura presentada a continuación. Comienza un fluir natural de oración conversacional con el Espíritu Santo al meditar en las Escrituras, invitándolo a que Él se revele. Luego reúnete con los que estás compartiendo esta trayectoria, e interactúen con las preguntas del discipulado.

Mateo 9:35-38, 10:5-8

Jesús recorría todos los pueblos y aldeas enseñando en las sinagogas, anunciando las buenas nuevas del reino, y sanando toda enfermedad y toda dolencia. [36] Al ver a las multitudes, tuvo compasión de ellas, porque estaban agobiadas y desamparadas, como ovejas sin pastor. [37] «La cosecha es abundante, pero son pocos los obreros —les dijo a sus discípulos—. [38] Pídanle, por tanto, al Señor de la cosecha que envíe obreros a su campo.»

Jesús envió a estos doce con las siguientes instrucciones: «No vayan entre los gentiles ni entren en ningún pueblo de los samaritanos. [6] Vayan más bien a las ovejas descarriadas del pueblo de Israel. [7] Dondequiera que vayan, prediquen este mensaje: "El reino de los cielos está cerca." [8] Sanen a los enfermos, resuciten a los muertos, limpien de su enfermedad a los que tienen lepra, expulsen a los demonios. Lo que ustedes recibieron gratis, denlo gratuitamente.

Hebreos 11

Ahora bien, la fe es la garantía de lo que se espera, la certeza de lo que no se ve. [2] Gracias a ella fueron aprobados los antiguos.

[3] Por la fe entendemos que el universo fue formado por la palabra de Dios, de modo que lo visible no provino de lo que se ve.

[4] Por la fe Abel ofreció a Dios un sacrificio más aceptable que el de Caín, por lo cual recibió testimonio de ser justo, pues Dios

aceptó su ofrenda. Y por la fe Abel, a pesar de estar muerto, habla todavía.

5 Por la fe Enoc fue sacado de este mundo sin experimentar la muerte; no fue hallado porque Dios se lo llevó, pero antes de ser llevado recibió testimonio de haber agradado a Dios. 6 En realidad, sin fe es imposible agradar a Dios, ya que cualquiera que se acerca a Dios tiene que creer que él existe y que recompensa a quienes lo buscan.

7 Por la fe Noé, advertido sobre cosas que aún no se veían, con temor reverente construyó un arca para salvar a su familia. Por esa fe condenó al mundo y llegó a ser heredero de la justicia que viene por la fe.

8 Por la fe Abraham, cuando fue llamado para ir a un lugar que más tarde recibiría como herencia, obedeció y salió sin saber a dónde iba. 9 Por la fe se radicó como extranjero en la tierra prometida, y habitó en tiendas de campaña con Isaac y Jacob, herederos también de la misma promesa, 10 porque esperaba la ciudad de cimientos sólidos, de la cual Dios es arquitecto y constructor.

11 Por la fe Abraham, a pesar de su avanzada edad y de que Sara misma era estéril, recibió fuerza para tener hijos, porque consideró fiel al que le había hecho la promesa. 12 Así que de este solo hombre, ya en decadencia, nacieron descendientes numerosos como las estrellas del cielo e incontables como la arena a la orilla del mar.

13 Todos ellos vivieron por la fe, y murieron sin haber recibido las cosas prometidas; más bien, las reconocieron a lo lejos, y confesaron que eran extranjeros y peregrinos en la tierra. 14 Al expresarse así, claramente dieron a entender que andaban en busca de una patria. 15 Si hubieran estado pensando en aquella patria de donde habían emigrado, habrían tenido oportunidad de regresar a ella. 16 Antes bien, anhelaban una patria mejor, es decir, la celestial. Por lo tanto, Dios no se avergonzó de ser llamado su Dios, y les preparó una ciudad.

17 Por la fe Abraham, que había recibido las promesas, fue puesto a prueba y ofreció a Isaac, su hijo único, 18 a pesar de que Dios le había dicho: «Tu descendencia se establecerá por medio de Isaac.» 19 Consideraba Abraham que Dios tiene poder hasta para resucitar a los muertos, y así, en sentido figurado, recobró a Isaac de entre los muertos.

20 Por la fe Isaac bendijo a Jacob y a Esaú, previendo lo que les esperaba en el futuro.

21 Por la fe Jacob, cuando estaba a punto de morir, bendijo a cada uno de los hijos de José, y adoró apoyándose en la punta de su bastón.

22 Por la fe José, al fin de su vida, se refirió a la salida de los israelitas de Egipto y dio instrucciones acerca de sus restos mortales.

23 Por la fe Moisés, recién nacido, fue escondido por sus padres durante tres meses, porque vieron que era un niño precioso, y no tuvieron miedo del edicto del rey.

24 Por la fe Moisés, ya adulto, renunció a ser llamado hijo de la hija del faraón. 25 Prefirió ser maltratado con el pueblo de Dios a disfrutar de los efímeros placeres del pecado. 26 Consideró que el oprobio por causa del Mesías era una mayor riqueza que los tesoros de Egipto, porque tenía la mirada puesta en la recompensa. 27 Por la fe salió de Egipto sin tenerle miedo a la ira del rey, pues se mantuvo firme como si estuviera viendo al Invisible. 28 Por la fe celebró la Pascua y el rociamiento de la sangre, para que el exterminador de los primogénitos no tocara a los de Israel.

29 Por la fe el pueblo cruzó el Mar Rojo como por tierra seca; pero cuando los egipcios intentaron cruzarlo, se ahogaron.30 Por la fe cayeron las murallas de Jericó, después de haber marchado el pueblo siete días a su alrededor.

31 Por la fe la prostituta Rajab no murió junto con los desobedientes, pues había recibido en paz a los espías.

32 ¿Qué más voy a decir? Me faltaría tiempo para hablar de Gedeón, Barac, Sansón, Jefté, David, Samuel y los profetas, 33 los cuales por la fe conquistaron reinos, hicieron justicia y alcanzaron lo prometido; cerraron bocas de leones, 34 apagaron la furia de las llamas y escaparon del filo de la espada; sacaron fuerzas de flaqueza; se mostraron valientes en la guerra y pusieron en fuga a ejércitos extranjeros. 35 Hubo mujeres que por la resurrección recobraron a sus muertos. Otros, en cambio, fueron muertos a golpes, pues para alcanzar una mejor resurrección no aceptaron que los pusieran en libertad. 36 Otros sufrieron la prueba de burlas y azotes, e incluso de cadenas y cárceles. 37 Fueron apedreados, aserrados por la

mitad, asesinados a filo de espada. Anduvieron fugitivos de aquí para allá, cubiertos de pieles de oveja y de cabra, pasando necesidades, afligidos y maltratados. [38] ¡El mundo no merecía gente así! Anduvieron sin rumbo por desiertos y montañas, por cuevas y cavernas.

[39] Aunque todos obtuvieron un testimonio favorable mediante la fe, ninguno de ellos vio el cumplimiento de la promesa. [40] Esto sucedió para que ellos no llegaran a la meta sin nosotros, pues Dios nos había preparado algo mejor.

Preguntas del discipulado:

o   Habla acerca de una ocasión en la que sentiste que Dios te estaba pidiendo que hicieras algo que te dio miedo. ¿Qué sucedió?

o   ¿Cómo te imaginas que se sintieron los discípulos cuando Jesús los envió?

o   ¿Cómo continuaron a proclamar y demostrar la realidad del reino?

o ¿Cuáles son algunos pasos de fe a los que Dios te ha llamado a ti o a otras personas cercanas a ti?

o ¿Cuándo te es más difícil ser obediente? ¿Cuándo te es más fácil ser obediente?

o ¿A qué acciones sientes que Dios te está llamando? ¿Qué piensas con respecto a esto?

Pasos de acción:

o Tomando en cuenta esto, ¿qué te está pidiendo Dios a ti?

o ¿Cómo lo llevarás a cabo?

- ¿Cuándo lo harás?

- ¿Quién te ayudará?

5ª Parte:

Descubriendo tus dones y tu llamado

Pregunta clave: *¿Cómo estás descubriendo tus dones y tu llamado?*

John Wimber resumió una de las bellezas del movimiento de la Viña: "A todos les toca participar." El ministerio no está limitado a unos cuantos: es para todos nosotros. Dios quiere que todos nosotros descubramos nuestros dones y nuestro llamado, y usarlos para el beneficio de los demás.

El término "llamado" se ha interpretado de muchas maneras distintas. Muchos creyentes han pasado años sin participar en el ministerio, esperando una comunicación sobrenatural de Dios. A veces Dios da ese tipo de señales milagrosas: al apóstol Pablo prácticamente le cayó un rayo encima y se le dijo lo que haría el resto de su vida. Sin embargo, ese no es el caso para la mayoría de nosotros. Eso no significa que no tengamos un llamado; sencillamente quiere decir que tenemos maneras distintas en las que encontramos ese llamado.

Dios tiene planeado algo para la vida de cada creyente. Todos tenemos dones espirituales que Dios espera ejercitemos. Todos tenemos una contribución que dar para la venida de su reino. Nuestra tarea es escuchar la voz de Dios, vivir en obediencia a los mandamientos que Dios le ha dado a todas las personas, y discernir en nuestro caminar qué más quiere Dios que hagamos. Debemos usar los dones que tenemos y confiar que Dios continuará dirigiéndonos. Aún si no tenemos una dirección clara, debemos seguir en movimiento. Un principio básico del movimiento dicta que un objeto en movimiento tiende a seguir en movimiento, y un objeto en reposo tiende a seguir en reposo.

> Un objeto en movimiento tiende a permanecer en movimiento, y un objeto en descanso tiende a permanecer in descanso. –Isaac Newton, "La primera ley del movimiento"

Al avanzar en obediencia haciendo lo que ya sabemos hacer, el Espíritu Santo nos dará más dirección.

Esta semana lee y reflexiona diariamente en la Escritura presentada a continuación. Comienza un fluir natural de oración conversacional con el Espíritu Santo al meditar en las Escrituras, invitándolo a que Él se revele. Luego reúnete con los que estás compartiendo esta trayectoria, e interactúen con las preguntas del discipulado.

Mateo 4:18-20

Mientras caminaba junto al mar de Galilea, Jesús vio a dos hermanos: uno era Simón, llamado Pedro, y el otro Andrés. Estaban echando la red al lago, pues eran pescadores.
[19] «Vengan, síganme —les dijo Jesús—, y los haré pescadores de hombres.» [20] Al instante dejaron las redes y lo siguieron.

Marcos 5:18-20

Mientras subía Jesús a la barca, el que había estado endemoniado le rogaba que le permitiera acompañarlo. [19] Jesús no se lo permitió, sino que le dijo:

—Vete a tu casa, a los de tu familia, y diles todo lo que el Señor ha hecho por ti y cómo te ha tenido compasión.

20 Así que el hombre se fue y se puso a proclamar en Decápolis lo mucho que Jesús había hecho por él. Y toda la gente se quedó asombrada.

Efesios 4:1-6

Por eso yo, que estoy preso por la causa del Señor, les ruego que vivan de una manera digna del llamamiento que han recibido, 2 siempre humildes y amables, pacientes, tolerantes unos con otros en amor. 3 Esfuércense por mantener la unidad del Espíritu mediante el vínculo de la paz. 4 Hay un solo cuerpo y un solo Espíritu, así como también fueron llamados a una sola esperanza; 5 un solo Señor, una sola fe, un solo bautismo; 6 un solo Dios y Padre de todos, que está sobre todos y por medio de todos y en todos.

Filipenses 3:12-14

No es que ya lo haya conseguido todo, o que ya sea perfecto. Sin embargo, sigo adelante esperando alcanzar aquello para lo cual Cristo Jesús me alcanzó a mí. 13 Hermanos, no pienso que yo mismo lo haya logrado ya. Más bien, una cosa hago: olvidando lo que queda atrás y esforzándome por alcanzar lo que está delante, 14 sigo avanzando hacia la meta para ganar el premio que Dios ofrece mediante su llamamiento celestial en Cristo Jesús.

1 Timoteo 6:12

Pelea la buena batalla de la fe; haz tuya la vida eterna, a la que fuiste llamado y por la cual hiciste aquella admirable declaración de fe delante de muchos testigos.

"Algo muerto sigue la corriente, pero sólo un ser vivo puede ir en su contra." –G. K. Chesterton, *The Everlasting Man ("El hombre eterno"*

Preguntas del discipulado:

o ¿Qué dones espirituales te ha dado Dios? ¿Cómo los estás ejercitando?

o ¿Qué entiendes por "el llamado" de Dios para tu vida?

o ¿Cuáles son algunas cosas a las que él llama a los creyentes?

- o ¿Cómo discernirás esas cosas a las cuales Él te está llamando específicamente?

- o ¿Qué prácticas te pueden ayudar para buscar el llamado de Dios en tu vida?

- o ¿Cómo encajan juntos el llamado de Dios y tus deseos?

Ejercicio: ¿Tú ya sabes lo que Dios quiere que hagas? ¿Qué es? Busca en las Escrituras algunos mandatos. Escribe todos los que puedas.

Pasos de acción

- o Tomando en cuenta esto, ¿qué te está pidiendo Dios a ti?

- o ¿Cómo lo llevarás a cabo?

- ¿Cuándo lo harás?

- ¿Quién te ayudará?

¿Qué sigue?

Así que has terminado esta guía. ¿Ahora qué? Existe alguna otra dimensión del discipulado en la que debes enfocarte? Si es así, ¿en cuál?

Ya que las guías de "Dimensiones del Discipulado de la Viña" no fueron hechas para ser usadas en algún orden en particular, te toca a ti escuchar la voz del Espíritu Santo. Mira más allá, y decide a dónde te está dirigiendo Dios después. Al seguir un sistema integral, siempre habrá una sorpresa. No importa la guía que escojas después, estarás participando en un proceso de acción y reflexión al vivir una vida encarnada y misional.

Tal vez lo que sigue no es otra guía de "Dimensiones del Discipulado de la Viña." A continuación leerás otras opciones como alternativa:

- o Puedes continuar con una serie similar, como por ejemplo, las guías tituladas "The Journey Together Now" ("El camino juntos ahora"). Puedes leer más acerca de estas guías, y descargarlas en: www.journeytogethernow.com.

- o Si tienes un amigo o mentor con el cual has estado leyendo estas guías, o si te gustaría comenzar a discipular a alguien más, puedes comenzar una relación de entrenamiento en línea en: www.mycoachlog.com – esta es una herramienta que te puede ayudar a mantenerte enfocado, reflexionando acerca de lo que Dios está haciendo, y celebrando el progreso.

- o Puedes estar listo para participar en una relación más formal como entrenador de alguien que te puede desafiar a ti al siguiente nivel de una vida misional y liderazgo. Visita: www.loganleadership.com para informarte acerca de cómo ser un asesor ("coaching").

Sin importar lo que siga en tu vida, continúa creciendo siguiendo a Jesús en esta trayectoria de discipulado.

www.ingramcontent.com/pod-product-compliance
Lightning Source LLC
Chambersburg PA
CBHW071938020426
42331CB00010B/2923